我も唱へ 他をも勧めん

―真剣な信行に 絶大な功徳が―

「御影堂 梅」画 佐伯教通

目次

収録した体験談は、『妙教』『大白法』に掲載されたものに加筆したもので、末尾に掲載号を記しました。

【引用文献略称】

御　書 ―― 平成新編日蓮大聖人御書（大石寺版）

生きる意欲蘇《よみがえ》り 日々の活動に喜び

日正寺信徒　**鈴木　元子**

すずき　もとこ

浄土真宗の住職の子供として出生。入信して10年、現在、業病と闘いながら、折伏弘教に邁進中。

私の生《お》い立ちは、二百五十年続く門徒お西《にし》（西本願寺）の住職の一家に生を受けましたが、わけあって一家離散。一歳の時に他人様の養女になりました。

幼《おさな》いころから身体が弱く、熱が出たり、だるかったり、また、養父母から全く愛情をかけられず、つらい子供時代を送ってきました。

小学三年生くらいから、一生懸命に勉強して、いい学校に入り、いい会社に入ってお金を貯《た》め、家を出て独立しようと考えていました。

そして十九歳の時に東京を目指し、家出《いえで》を決行しました。ところが結核《けっかく》になり、一年半の入院生活を送ることになりました。

病気や裏切りに失意「もう死んでも」と

その後は結婚し、子供を身ごもったので産院へ行くと、「何か変です。お腹を切ってみないと判らないが……」と言われて開腹手術を受けました。すると、小さい子宮が二つあり、片側の子宮で男の子が亡くなっていました。

子宮を一つにする整形手術を受けました。さらにその時、腎臓が一つしかないことが判り、しかもその腎臓の中に動脈瘤《りゅう》と結石がありました。

一年後、産道が奇形なため帝王切開で、娘二人を出産しました。その後も卵管結紮《らんかんけっさつ》、卵巣ガン、子宮筋腫《しゅ》とお腹を六回切っていま

御住職を囲んで

す。さらに輸血《ゆけつ》が原因でC型肝炎《かんえん》になり、行動や食べ物に制限があります。

事情があって夫と離婚し、頑張って働いて株式会社を立ち上げ、仕事も順調でしたが、大きな交通事故に遭《あ》って半年間入院しました。

退院して間もなく、信じていた人に裏切られたりしてかなりの大金を失い、他人を信用できなくなりました。もう死んでしまいたいと会社を休業し、大腸からの下血《げけつ》に大腸ガンを疑いながらも、このまま死ねたらいいのにと思って、病院にも行かずに過ごしていました。

平成二十一年夏ごろ、自宅のインターホンが鳴り、明るい声で「日正寺から来ました。日蓮正宗の信徒です」と聞こえました。

他人を信用できなかった私は、「みんな、自分の宗教はいいと言うのだわ」と断りました。が、次に「でも、日蓮大聖人様は人好きだけど」という言葉が、私の口を突いて出ました。

寺院の唱題行に進んで参加

何度も家庭訪問してくれて

この言葉に反応してくれ、のちに私を折伏してくれた小林大恵さんは、その後も訪問してくれました。私は、他人に会いたくなかったし、自殺願望もあったので、居留守《いるす》を使いました。

四度目の訪問の時に、人嫌いの私が、思わず「家に上がって」と言ってしまいました。小林さんは仲間の松岡郁子さんと二人で来てくれていました。

私は中学生のころに、竜口法難《たつのくちほうなん》のことを習っていました。その時から、日蓮大聖人様を仏様だと思っていたこと、高校生くらいから幽体離脱《ゆうたいりだつ》や金縛《かなしば》りのほか、霊的現象も体験していることなどをお二人に話し、何か気持ちがすっきりしたので、誘われるまま一緒に日正寺に参詣し、御僧侶の面談を受けました。

二度目の参詣の時に入信を決意し、謗法《ほうぼう》払いを済ませて、平成二十二年二月一日に御授戒《ごじゅかい》を受け、御本尊様の御下付《ごかふ》を願い出ました。そして、二月七日に入仏式を執《と》り行っていただきました。

大御本尊様を拝したい

入信してからの私は、早くお経を覚えたい一心で、必死で勤行《ごんぎょう》・唱題をし、お寺にもできる限り参詣しました。そうしているうちに、毎日が楽しくなってきました。

一カ月くらい経って、御登山の話がありました。医者から言われた行動制限があったので悩みましたが、本門戒壇《かいだん》の大御本尊様にお目通りしたいという気持ちが勝《まさ》り、御登山を決意しました。

総本山に着いて、御開扉《ごかいひ》で大御本尊様を拝したその時、頭のてっぺんから足の爪先《つまさき》まで何かが突き抜け、涙が出て止まらなかったことが、今でも昨日のことのように蘇《よみがえ》ります。

初めての御登山を無事《ぶじ》に終え、帰ってから病院に行くと、動脈瘤が小さくなっていることが判りました。「動脈瘤が小さくなることは、あまりないんですよ」と言われ、びっくりしました。

「御本尊様から初心《しょしん》の功徳《くどく》を頂いた。よし、病気にも立ち向かうぞ」と決意しました。

三年間放っておいた大腸からの下血は、検査でポリープの一部を切り取って調べたところ、「九十パーセントくらいの確率で大腸ガンですね。検査結果は一週間後に」と言われました。

折伏の功徳の不思議
病状快復は続く

このころから、御本尊様の有り難さ、この仏法のすばらしさを一人でも多くの方に伝えていきたいという気持ちが強くなり、講中の皆さんと折伏活動に参加するようになりました。

入信後半年の、初めて折伏行動に参加した日に縁した御夫妻の折伏が成就しました。そして病院に検査の結果を聞きに行ったら、

「内視鏡《ないしきょう》で大丈夫です。二センチほどに小さくなったから、二泊三日の入院で済みます」と言われました。

以前、今度お腹を切ったら人工肛門《こうもん》になりますよと言われていたので、折伏の功徳は絶大だと身をもって感じました。この御恩に報《むく》いるため、毎年、何人かの方を折伏させていただいています。

その後、動脈瘤が石灰化《せっかいか》して消えました。C型肝炎も放っておいたので肝硬変《こうへん》になりましたが、「動脈瘤が消えているので、これで新薬を飲めるようになりましたよ」と言われ、三年前まで薬を飲んで、今は肝臓の数値が正常になりました。

また、平成二十七年の十二月に、心臓左室《さしつ》収縮障害と診断されました。入院まで少し日数があったので、「御本尊様、入院前にもう一人、折伏させていただきたい」と強く祈り、折伏に励んで、入院前日にお寺にお連れできた方が、御授戒を受

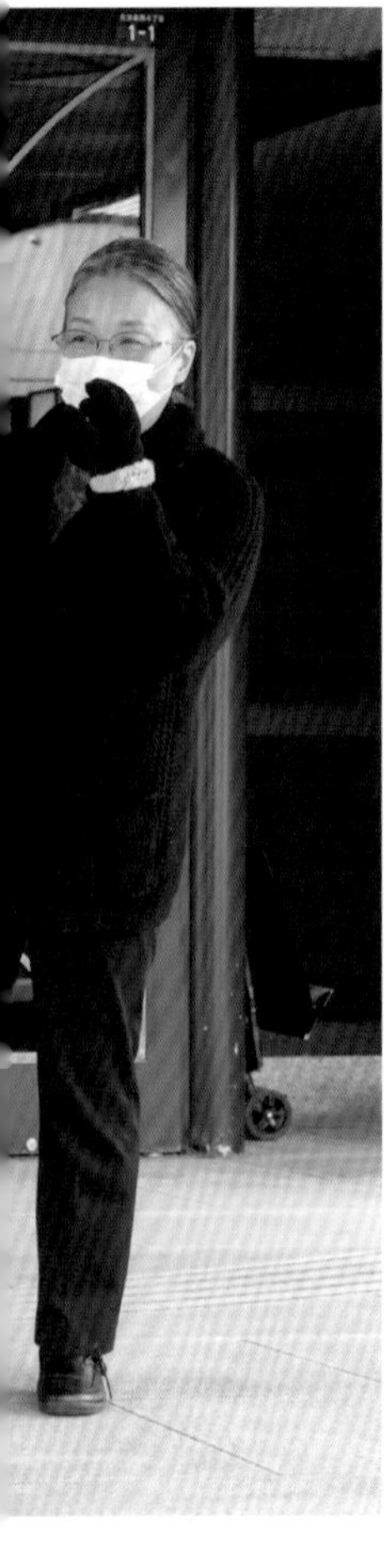

けて入信されました。この折伏成就は、御本尊様のお導き以外には考えられません。

入院して、腕からカテーテルを通しましたが、結局、心臓の血管に問題なく、医師は不思議そうな顔で
「大丈夫」と。

「えっ、でも先生は左室収縮障害とおっしゃっていたのに。どういうことですか」という私の質問には答えず、「心臓の年齢も若いですから、安心してください」と言いながら、困惑した様子でした。思わず、

「私は日蓮正宗の信徒です。これは南無妙法蓮華経の功徳です」と言って退院しました。

宗祖日蓮大聖人様の御金言《きんげん》の通り、まさに、

いざ、仲間と共に折伏へ！

「妙とは蘇生《そせい》の義」（御書三六〇ページ）です。今でも驚いています。

登山の絶大な功徳　またもや体験

それから昨年の夏「腎臓内の結石三つが落ちそうなので手術を」と言われ、他の専門病院に回されました。でも、その病院では、手術は無理と言われました。腎臓が奇形なので、手術により命を落とす可能性があるからだそうです。

悩みましたが、その後、春季総登山会に参加して大御本尊様に御祈念して帰ってきて、手術を勧めてくれた最初の病院で検査を受けたところ、「バラバラになって腎臓から尿路に落ちれば、腎不全で亡くなることもある」と言っていたのが「石が、串《くし》に刺した焼き鳥のようにくっついている」とのこと。また御本尊様に守っていただきました。

ただし「振動に気をつけて。階段を下りる、長時間の振動などはだめですよ」とも言われました。他の病院の医師にも「そのような身体で、よくメンタルが保《も》ちますねえ」と言われました。もし、日蓮正宗に入信していなかったら、間違いな

お花作りの手伝いをする鈴木さん

く、今、この世に存在していなかったと思います。感謝、感謝の毎日です。

幽体離脱や金縛りも、今では全くなくなりました。御書を拝すと、

「念仏無間地獄《むけんじごく》」（同一〇六六㌻他）

とあります。念仏は現実逃避《とうひ》の誤った教え。それが、今は身をもって解ります。

唱題の功徳と折伏の力は絶大です。御本尊様に、もう一度お誓いしました。己《おの》れの命の続く限り、御法のお使いをさせていただけるようにと。今、私にできることとは、一生懸命、毎日のように折伏に参加して頑張っている仲間の応援、と燃えています。

一人だと難しい相手にも、協力し、励まし合って行動していると、折伏が成就していきます。お手伝いしていると、御本尊様のお計《はか》らいで私にも縁が出てきて、折伏が成就します。

入信して九年目になりました。これまでに五十人以上の方を大聖人様の仏法に導くことができました。実践しなければ判らない、色々なこと、不思議な体験をさせていただいています。入信する以前の私のように、悩んで苦しんでいる人がたくさんいます。皆さんと共に、御本尊様の有り難さ、信心のすばらしさを伝えていきたいと思っています。

御本尊様から頂いた寿命と感謝申し上げ、一日一日を大切に生きていきたいと思っています。

「八十万人体勢の構築」の御命題があるからこそ、生きる指針を見つけられ、戦ってこれたと思います。これからも御法主《ほっす》日如上人猊下《げいか》の御指南と、御住職（藤原広行御尊師）の御指導のもと、精進《しょうじん》してまいります。

（大白法・令和元年9月16日号）

入信、登山で生活が　変　家族や縁ある人を正法に導く

命の続く限り唱題に、折伏に

光明寺信徒　高山　清子

たかやま　きよこ

昭和18年、沖縄県生まれ。42歳で入信してより、法華講員として素直に自行化他の信心に励む。

皆さん、こんにちは。

光明寺支部の高山清子と言います。よろしくお願いします。

苦しみのなか、正法に出会う

私が日蓮正宗に入信したのは昭和六十一年で、今年で三十四年になります。

入信のきっかけは離婚でした。子供の親権《しんけん》裁判に負けて、三人の子供を引き取ることができず、手放さなければならなくなりました。それからは、死神《しにがみ》に取り憑《つ》かれたように死ぬことばかりを考え、自殺未遂《みすい》もしました。

部屋に閉じこもり、朝から晩まで酒を飲み、アルコール漬《づ》けの毎日を送っていた時、母が私を見

て「おまえがこんな姿になるとは！」と泣いていました。

　その母の姿を見て、「これではいけない。大事な母を悲しませてはいけない」と思い直し、やっと我れに返ることができ、それから仕事を探し始めました。

　一週間ほどして、ホテルのなかにある美容室に仕事が決まりました。勤め始めて二日目、スタッフのなかに新垣さんという方がいて、初めてお会いしたのに、なぜか遠い昔に会ったことがあるような懐《なつ》かしい感じがして、「この方に、私の苦しい胸の内を聞いてほしい」と強く思いました。そして、無理にお願いして自宅までお伺《うかが》いし、夜中までずっと私の話を聞いてもらいました。

　実はこの新垣さんは光明寺の法華講の方で、新垣さんは話を聞いたあと、「私

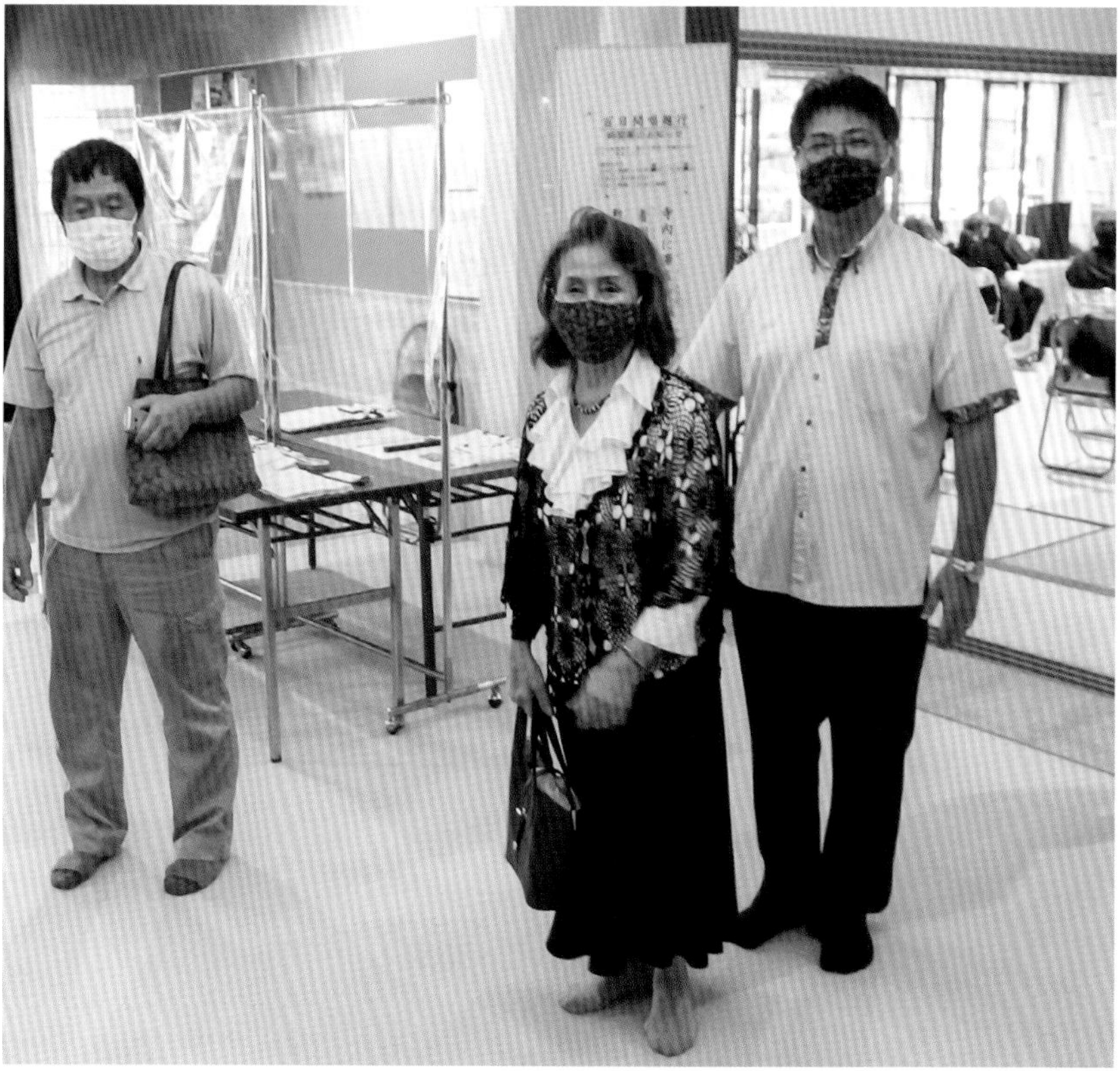

地区のメンバーと共に折伏へ

は今のあなたを助けることはできないけど、日蓮大聖人様なら助けていただける。大聖人様に助けてもらうしかないと思うけど、どうしますか？」と聞かれたのです。私はすぐ、何も解らないまま「その大聖人様と言われる方の所へ連れていってください」とお願いし、その翌日、別れた夫には内緒で子供達と連絡を取り、この光明寺で子供達と共に御授戒《ごじゅかい》を受け、入信しました。

それからは毎朝、お寺で勤行《ごんぎょう》・唱題をし、その一カ月後に御本尊様を御安置させていただきました。何もない寂しい部屋に、御本尊様だけが輝いていたのを昨日のことのように覚えています。

しかしその後、私が落ち着いたことを喜んで、母は久しぶりに訪ねてきてくれましたが、部屋のお仏壇《ぶつだん》を見るなり「おまえはとうとう気がおかしくなったね。高山家の御先祖様に申しわけない」と言って、また泣いて帰ってしまいました。

しかし今度は、心は変わらず、逆に「何年かけても両親を必ず折伏して、親孝行させてください」と御本尊様に誓いました。

それから一カ月ほど経ったころ、大聖人様のおわします大石寺にどうしても行きたくてたまらなくなり、生活に余裕は全くありませんでしたが、全財産を旅費に使って、初めての御登山をさせていただきました。

御開扉《ごかいひ》で本門戒壇《かいだん》の大御本尊様にお目通りさせていただき、幼《おさな》いころからのつらいことや、離婚や自殺未遂等々のことが走馬灯《そうまとう》のように脳裏《のうり》に浮かび、目が腫《は》れるほど、涙が止まりませんでした。本当に心を震わせ、清浄《しょうじょう》な気持ちになって感動して帰ってきたことが、三十数年経った今でも忘れられません。

次々に現れる大功徳

登山から帰ってきて、生活が一変しました。子供達が夫の所から逃げてきて一緒に生活するようになったのです。笑い声が絶えない家になり、生活も少しずつ豊かになっていきました。紹介者の新垣

折伏作戦会議が終わって、講中の方々と

さんが「あなたほど早く境界《きょうがい》が変わった人、今まで見たことないよ。本当に不思議。やっぱり大聖人様の仏法はすごいね。本当に良かったね」と喜んでくれました。実はそのころ、少しの時間も無《む》駄《だ》にせず、毎日五、六時間の唱題をしていました。

その後、入信して一年後に、すばらしい出会いから、大阪に転居し、高槻《たかつき》市で美容室を営《いとな》むまでになりました。光明寺から高槻市の妙恵寺《みょうけいじ》様に移籍し、信心に励むなか、最初の支部総登山で、また転機がありました。

それは、妙恵寺支部の副講頭をされていた井原さんという方が、休憩時間に「この信心は、自行だけでは絶対に幸せになれません。この信心は化《け》他《た》行が最も大事なのです」と教えてくれました。化他行という言葉が理解できませんでしたが、あとになって折伏のことだと解り、それからはお店のお客様、スタッフ、知人、友人等、片っ端《ぱし》から折伏をさせていただきました。あまりに片っ端から信心の話をするので、店長である娘から叱《しか》られることもありましたが、その副講頭さんのおかげで、たくさんの方々の折伏を成就させていただきました。

そして、七年かかりましたが、私が信心したことに反対していた両親も入信させることができ、御本尊様を実家に御安置させていただくことができました。やっと親孝行が叶《かな》いました。

また、離婚した夫も、娘達の協力をもらって折伏することができ、平成二十年七月に御授戒を受け、御本尊様を御安置させていただきました。

本当にこの信心は不思議です。別れて壊れていた家族がまた再会し、いがみ合うこともなく、一年に一、二回は食事会ができるまでになりました。本当に有り難く、一人でも多くの人に、この信心のすばらしさを語っていきたいと強く思っています。

それから、三年前に沖縄に帰ってきて、また光明寺様にお世話になることになりました。沖縄でも毎年「一人以上の折伏」が成就できるよう、常に下種・折伏させていただいておりますが、令和に入ってすぐ、五月に仲川さんを折伏させていただきました。

この方は、私が去年、老人施設でアルバイトをしていた時の上司で、心優しく、色々と教えてくださり、とてもお世話になった方でした。アルバイトは私が体調を崩《くず》したこともあり三カ月ぐらいで辞めましたが、仲川さんとは、その後も連絡を取り続け、一緒にドライブしたり、買い物に行ったりしていました。

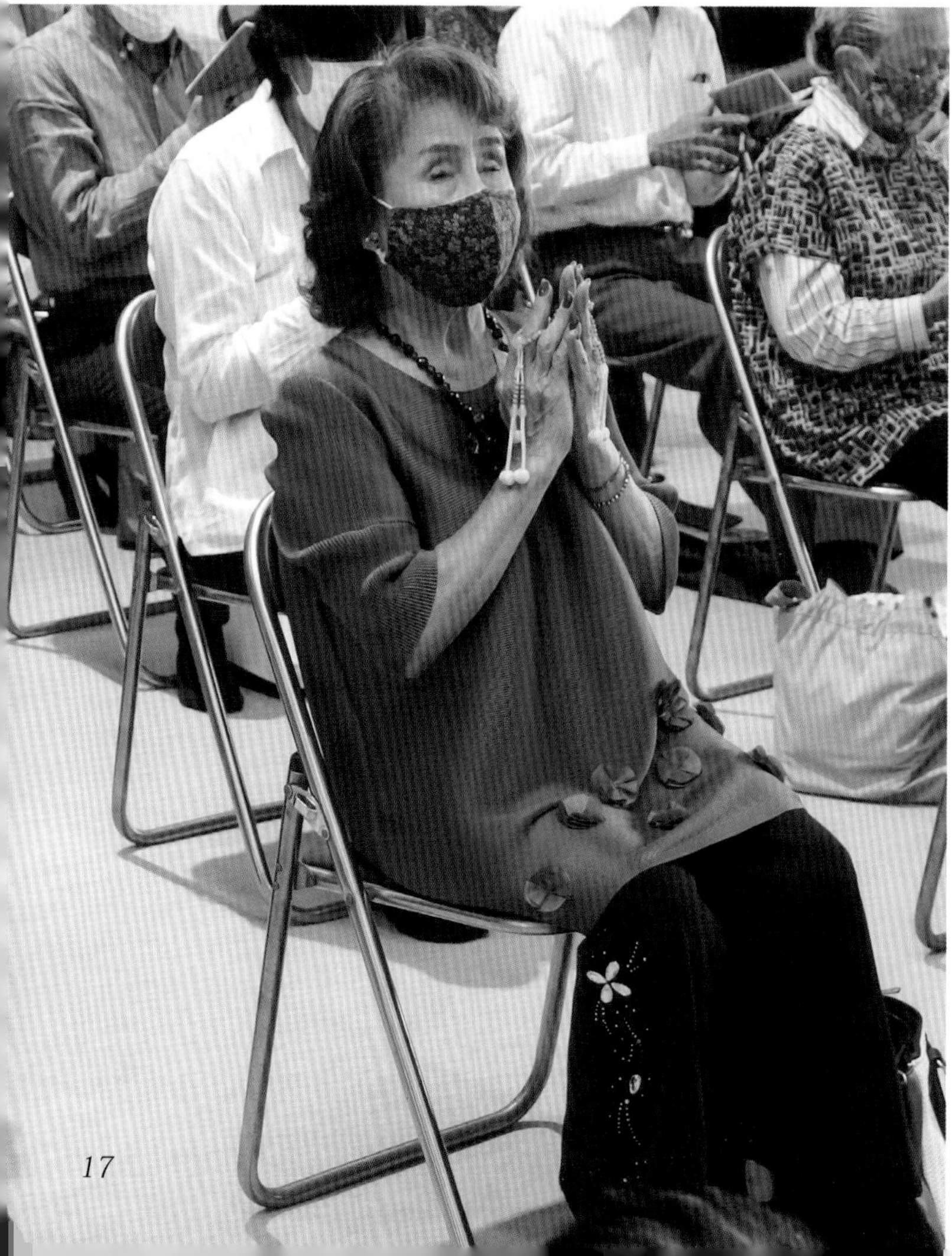

会っている時、いつも頭の中は「どうやってお寺に誘《さそ》おうか」でいっぱいでしたが、御法主《ほっす》日如上人猊下《げいか》様の御指南である「普段着の折伏」を思

い出し、タイミングを見計らって「仲川さん、あなたに一日も早く幸せになってほしいので、私がいつもお世話になっている那覇《なは》の光明寺の御住職様に会って話を聞いてみませんか？」と言いました。

すると「いいですよ。今度の二十五日は何も予定がないから、その日に行きましょう」と、私もビックリするぐらいトントン拍子《びょうし》に話がまとまり、その日に御住職様のお話を聞いていただき、折伏が叶いました。

命の続く限り唱題・折伏

私は、この信心をする以外に幸せになる道はないと強く確信しています。

実は先程、昨年に体調を崩したと言いましたが、その時は心不全を起こし、もう少し治療《ちりょう》が遅ければ死んでいたかも知れないと言われました。緊急手術を受けて無事に回復しましたが、御本尊様の功徳によって、また命を延《の》ばさせていただいたと思っています。

大聖人様は『富木《とき》入道殿御返事』に、

「命限り有り、惜《お》しむべからず。遂《つい》に願ふべきは仏国なり」（御書四八八㌻）

と仰せられております。これからも命の続く限り唱題に唱題を重ね、化他行の折伏に頑張ってまいりたいと思います。

まずは、一年半後に迫った令和三年の御命題達成に向けて、御法主上人猊下様の御指南を仰ぎ、御住職様の御指導のもと、本年度の支部折伏誓願目標の達成を目指して、支部の皆様と共に悔《く》いの残らないように頑張ってまいります。

御清聴、有り難うございました。

（妙教・令和元年12月号）

怪我も「折伏をするため」と受け止めて

鍵《かぎ》は唱題、そして異体同心

能持寺信徒　志村　スギ子

しむら　すぎこ

既に夫を亡くし、現在、一人暮らし。同志と共に信行に励み、「今が一番、充実している」。

昨年の折伏成就《じょうじゅ》の体験をお話しさせていただきます。

私は、昭和三十一年十二月七日、東京の本行寺で、当時御住職をされていた総本山第六十七世日顕上人猊下《げいか》様に御授戒を執《と》り行っていただき、入信いたしました。

現在九十二歳になり、今生《こんじょう》も終わりに近づいていると感じています。しかし、最期まで御本尊様に御奉公させていただこうと、日蓮大聖人様の、

「南無妙法蓮華経と我も唱へ、他をも勧《すす》めんのみこそ、今生人界の思出《おもいで》なるべき」

（御書三〇〇㌻）

との御金言を拝して、一日三時間以上の唱題を決意し、実際には、だいたい七時間から八時間唱題

しながら、折伏成就の御祈念を続けております。

　一昨年九月ごろのこと、私は家の中で大怪我《けが》をしてしまいました。この日も、「どうか仏縁のある人に会わせてください。お題目が届きますように」と真剣に唱題しておりました。

肩を骨折　入院することに

　夜の十時ごろ、突然、電話が鳴りました。いつまでも鳴り止《や》まないので、這《は》って電話の所まで行き、受話器を右手で取りましたが、同時に足がもつれて前のめりになり、右腕に全体重が乗るような姿勢で倒れてしまいました。一瞬の出来事でした。

体験発表をする志村さん

　どこからの電話だったのでしょう、電話は切れてしまい、やっとの思いで体を起こして、驚きました。

　右腕がブランと肩から下がっているのです。どうしよう、折れてしまったと思いましたが、この時は不思議と痛みを感じませんでした。

　まずは、急いで救急車を呼んで、病院に行きました。血圧は二百三十に上がっておりました。レントゲンを撮り、さらに驚きました。肩の骨から腕の骨が離れて、肩先が三つに割れていました。

「人工骨を入れて手術するには心臓が弱っている。年齢的にも全身麻酔《ますい》はかけられないな」という、医師と看護師さんの会話が聞こえてきました。

折伏のために違いない

不安に思いながら聞いておりましたが、次第に腕が大根のように腫《は》れて、痛みだしてきました。「先生、痛みが我慢《がまん》できないので早くお願いします」と叫《さけ》びました。

すると二人の医師が出てきて、「少し痛いけど我慢して」と言って、麻酔も打たないで腕を引っ張りました。私は声を上げて泣きました。少しどころか、一生忘れられないぐらい痛かったです。

一往、肩を固定してもらい、痛み止《ど》めの薬を頂き、病院のベッドに横になり、そのまま入院することになりました。

私は、お題目を唱えていたのだから、これは御本尊様のお計《はか》らいだと確信しました。そして、以前『大白法』で読んだことを思い出しました。それは『経王殿御返事』の御文《ごもん》を引かれて、

「この御文も、お寺の御講の時に御住職から、よく聞かれていることと思います。まさに信心が健気《けなげ》である、強盛《ごうじょう》であるということが大切なのであります（中略）信心をしっかりしていけば『鬼にかなぼうたるべし』とおっしゃっているのであります」

（大白法・平成二八年七月一日号）

という御法主《ほっす》日如上人猊下の御指南です。仏法から見たら、心を砕《くだ》き己《おの》れを責めるほど真剣に御本尊様に祈ってこそ、その健気な信心に応じて仏天が願いを叶《かな》えてくださる。だから、強盛な祈り、健気な信心が大事だと拝し、覚えていました。

そうです。私はきっと、折伏するために怪我をしたのです。

折伏を始める

この時、同じ病室で隣のベッドになったのが菅原凱子さんです。

入院の二カ月間は次々とつらいことに振り回され、心配も多くあり、治療とリハビリに専念するために、折伏したくとも、信心の話をする余裕がありませんでした。

私の退院後、凱子さんは別の病院に移りましたが、しばらくして再会が叶いました。

私は菅原さんへの折伏を改めて決意しました。三世の生命について書かれている本を「よく読んでね」と言って渡したら、「有り難う」と言ってくれて、一時間ほど話すことができました。

さらに、この日の夜、凱子さんは電話をくれました。どうしたのかと思いましたら、御主人のことを話してくれました。御主人のいる老人ホームを訪《たず》ね、御主人が弱々しい笑顔で凱子さんの顔を見て頷《うなず》いたのですが、それから三日後に亡くなられたとのこと。あの時、会いに行ってよかったと電話の向こうですすり泣く凱子さんに、私は言葉をなくしてしまいました。

後日、凱子さんと病院で会う約束をしましたが、都合《つごう》がつかず、なかなか会えません。

そうこうしているうちに、御主人のあとを追うように凱子さんが亡くなられたという話が耳に入ってきて驚き、泣きました。病室で出会ってから三カ月ほどのお付き合いでしたが、優しい人で、大好きな友人でした。

涙を祈りに代えて弔問《ちょうもん》させていただき、その時に新しいお骨《こつ》が二つ並んでいるのを見て、胸がいっぱいになりました。

このままではいられません。今度は、息子さんの幸雄さんを折伏しようと決意しました。

親の心を伝えて ひたすら唱題

四十九日忌《き》が過ぎてから、班長の大野さんと訪問しました。が、親子三人の暮らしが、突然の別れで急に一人になった幸雄さんには、両親のお骨を前にどんな言葉も耳に入らなかったでしょう。無理もありません。さらに、初めて聞く仏法の話に戸惑《とまど》う様子で、なんの返事もありません。

そこで私は、「お母さんは生前『子供が優しくしてくれるので、かえって子供に申しわけなく

自宅で行われたミニ座談会

てね』とおっしゃっていましたよ。幸雄さんは充分、親孝行されたのです。これからは、御自分の幸福を考えてみませんか」と話しました。班長さんの連絡先を残して、私達は帰りました。

私は家に帰り、折伏の願いを込めて必死に祈りました。

唱題しかない、どんな言葉も慰《なぐさ》めも届きはしない、今はただ唱題して祈るしかないと、一日中お仏壇の前から離れられませんでした。私は、御本尊様におすがりし、「幸雄さんは大切な御両親を亡くし、一人になって、悲しみ苦しみがいっぱいで、眠れない夜が続いていると思います。どうか一日も早く元気になってほしい。幸雄さんのことは、御両

折伏活動へ出発

親が一番心配して亡くなられたと思います。御本尊様を信じて、必ず幸福になってほしい」と唱題を続けました。一カ月ほどだったでしょうか、毎日、午前一時、二時まで唱題し続けました。

そうしましたら、班長さんに幸雄さんからメールが届き、「お寺に行きます」とあったのです。この時、ただただ御本尊様には感謝しかありませんでした。

それから予定を合わせようとしましたが、なかなかお互いの都合がつかず、お寺に行けません。私はどうしたものかと焦《あせ》りましたが、班長さんに「幸雄さんは常識がある方だから大丈夫、お題目を唱えて頑張ろう。もう少し待ってみよう」と励ましてもらい、落ち着きを取り戻しました。

もっと唱題をしなければ！

そして、ようやく幸雄さんとお寺に行くことができましたが、入信を決意できませんでした。一度ばかり訪問したくらいでは難しかったのでしょう。また、おそらく、頭では理解できていても、宗旨《しゅうし》を替えることや、謗法払いに対する決心がつかなかったのだと思います。

私は、お題目がまだ足りなかったと思い、誤った宗教から救いたいと必死に唱題を続けました。

それからしばらくして、幸雄さんからまた連絡がありました。この時は入信の決意をされていたのだと思います。

御住職（二上良宣御尊師）、講頭さんのお話に素直に従って、入信の手はずを調えて、昨年三月三日、御授戒《ごじゅかい》を受けることができました。

大怪我をしてから幸雄さんを入信に導くまで、およそ半年間の戦いでした。お寺にお連れしてからは、すぐに入信に導けたように思われるかも知れませんが、そのようなことは、けっしてありません。私は介護を受ける身で、ただお題目を唱えているばかりでした。

幸雄さんとメールで連絡を取ってくださったのは班長さんです。そして、お寺で信心の話、特に謗法払いと正しい先祖供養について話してくださったのは、御住職と講頭さんです。御授戒前後に見ていただくビデオの準備をしてくださったのは副講頭さんです。入信前の謗法払いに至っては、講頭さん、班長さん、宮林さんが揃《そろ》ってお宅に訪問し、大きな神棚《かみだな》などを払ってくださいました。

折伏は唱題とやはり異体同心

そして何より、山口地区長さんをはじめ皆様の唱題と御祈念のおかげで、幸雄さんは御本尊様をお

入信した菅原さん（志村さんの左隣）を囲んで

迎えし、御住職に御入仏式を執《と》り行っていただけたのです。私一人では成就できない折伏でした。本当に有り難く思っております。

　現在、幸雄さんは御報恩御講にきちんと参詣されています。また、能持寺の墓苑《ぼえん》に御両親の御遺《い》骨《こつ》を埋葬《まいそう》していただき、お墓参りも丁寧にされて、先日は凱子さんの一周忌も無事に終えました。創価学会員の友人がいるとのことですので、折伏できるよう激励してまいります。

　折伏は、お題目しかありません。今回の体験を通して、大聖人様の功徳の不思議さをしみじみと思いました。今もってどなたからの電話か判りませんが、あの時、電話が鳴らなかったら骨折もしないで、病院にも行かず、菅原さんにも会うことはありませんでした。折伏もできなかったということです。

　今回の怪我で肩が少し不自由になりましたが、これは信心で得た勲章《くんしょう》と思うことにいたします。今は御本尊様の偉大なる御慈悲《じひ》、この信心の深さに、感謝でいっぱいです。

　最後に、令和三年の宗祖日蓮大聖人御聖誕《せいたん》八百年・法華《ほっけ》講員八十万人体勢構築の御命題成就に向かって、なお一層、支部の皆様と共に真剣な唱題に励み、全員が一人が一人の折伏を成就し、もって支部折伏誓願目標を、必ず達成することをお誓いいたします。

（大白法・令和2年3月16日号）

今生《こんじょう》人界の思い出は折伏しかない！

妙声寺信徒　土山　美幸

つちやま　みゆき

夫と娘の３人家族。婦人部長として活動に励むとともに、夫の母親や兄弟家族を折伏中。

皆さん、こんにちは。妙声寺《みょうしょうじ》支部の婦人部長を拝命しております土山美幸と申します。どうぞよろしくお願いいたします。

本日は、病気を克服《こくふく》できた功徳《くどく》と、折伏の体験をお話しさせていただきます。

私は千葉県出身で、母が学会員を通じて入信しており、私も生まれて間もなく御授戒《ごじゅかい》を頂きました。平成三年に結婚して町田に住むことになり、妙声寺支部の一員となりました。主人は結婚する時に入信いたしましたが、主人の両親が宗教嫌いだったため、結婚式は主人の家族には内緒《ないしょ》で行いました。親思いの主人は、入信はしたものの、親への遠慮《えんりょ》もあり、形だけのものでした。

十年ほどして家を建てましたが、この家は意図《いと》せず妙声寺から車で五、六分ほどの場所です。主人は信仰に反対はしないものの、行事には滅多《めった》に参詣せず、支部総登山も渋々《しぶしぶ》、参詣させていただいている状況でした。仕事が忙しく留守《るす》がちな主人は、私にとって信心の妨《さまた》げにならず好都合《こうつごう》でした。しかし、娘は中学生のころ、一家和楽《わらく》の信心をされている御家庭をうらやましく思い、座談会で「パパも一緒にお寺に来てほしい」と泣きながら訴《うった》えたこともありました。

重責に涙も、縁ある人を正法に

平成二十六年に、私は他支部で「地区」に当たる「講座《こうざ》」の副講座長を引き受けることになりました。荷が重いお役目でしたが、御本尊様から頂いたお役と思い、お引き受けし、その二年後には講座長を引き受けることになりました。私はもともとリーダーシップのかけらもない性格ですし、折伏がどんどんできるわけでもありません。そんな私がどういう巡《めぐ》り合わせか、今は婦人部長を拝命し、こうして登壇《とうだん》させていただいております。

話は戻りますが、副講座長から講座長となり、講座としての折伏誓願目標の重責《じゅうせき》に、なかなか成果が出せず、情けないことに何度か涙しました。御住職からは「折伏は大聖人様からの御命《ぎょめい》でさせていただいているのです。大変とか、難しいとか言っていては申しわけないことです。有り難いことなのですから、喜びをもってさせていただきましょう」と御指導いただいておりますので、泣いている場合ではありません。とにかく寺院に通い、唱題しました。

お寺が近いこともあり、朝参りや唱題会、夕勤行《ごんぎょう》と、日に三、四回と通い詰めました。井尻御住職のもとで唱題させていただくことには、深い喜びを感じます。

御住職からは、「お題目の功徳は、法界に満《み》ちている悪業《あくごう》を少しずつ浄化してくださり、それは世のため、人のためになっています。たとえ三十分、一時間の唱題でも強い祈りをもって行うことが大事です。『経王殿御返事』に、『あひかまへて御信心を出《い》だし此《こ》の御本尊に祈念せしめ給《たま》へ。何事か成就せざるべき』（御書六八五㌻）とあるように、折伏の祈りは必ず叶《かな》うのです」と、常々、御指導いただいております。

そんななか、平成二十八年、私は元職場の同僚《どうりょう》Iさんを折伏中でした。彼女自身、胸腺腫瘍《きょうせんしゅよう》の経過観察中で、彼女の母親は〝真光《まひかり》〟を信仰していて、大腸ガンを患《わずら》っていました。看病で疲労困憊《こんぱい》の彼女をなんとか救えないかと思い、折伏を続けるものの、お寺に来る約束を何度もしては、毎回来られなくなっていました。唱題を重ねながら、何度も家庭訪問したり、病を克服された方の体験発表の記事を同封した手紙を出すなどして折伏を繰り返しましたが、思い通りにいかず、悩みました。

そんな時、ふと元職場の同僚の佐々木さんのことが頭に浮かび、連絡を取ってみました。

数年ぶりでしたが、早速、会って話をするなかで、亡くなったお母様は学会員で、子供のころ、家では南無妙法蓮華経を唱えていたと言うのです。すぐにお寺に連れていってほしいと、その日のうちにお連れし、御授戒を頂くことができました。「唱題し、一生懸命に折伏に動くと、その折伏がすぐに成就しなくても、他の御縁が現れ、折伏成就につながるのです」との、御住職の御指導そのままの体験をさせていただき、不思議な功徳を感じました。

佐々木さんはその後、娘さんを折伏し、内得信仰ながら朝夕《ちょうせき》の勤行を欠かさず行い、一日も早く御本尊様を御下付《かふ》いただきたいと頑張っていました。最近は、自分に自信が持てるようになり、心に余裕のある言動ができるようになった姿を見て、今まで信仰に無理解だった御主人の態度も少しずつ変化し、入信から二年三カ月で、ついに御本尊様を自宅にお迎えできることになりました。

　またこのころ、私の娘は隣に住む木戸さんの娘さんの家庭教師をしていまして、大学受験の相談を受けた折、私の通っているお寺で御祈念していただきませんかとお話しし、御住職が信心の大切さを色々と話してくださり、木戸さん母娘三名が入信することができました。

　夜中にもかかわらず、御住職が快《こころよ》く対応してくださったことに感動され、唱題会にも積極的に参詣されるようになり、夏休みには長女の彩乃さんと朝勤行にほぼ毎日参詣され、思いもかけない大学に合格できたと喜んでおられます。また、このたび二女

婦人部唱題会で激励する土山さん

の詩乃さんも、希望の難関大学に合格されました。唱題すると、とてもすがすがしい気持ちになるとおっしゃって、今、御主人への折伏に頑張っておられます。

　佐々木さんも木戸さんも、寺院の清掃や行事に積極的に参加され、御本尊様にすばらしい功徳を頂いたと深く感謝されています。

強盛《ごうじょう》な信心で病と向き合う

　そんな平成二十九年の折伏戦の最中、左胸にしこりを見つけて乳ガンが発覚し、左乳房全摘《ぜんてき》術を受けるよう診断されました。

　初めはショックでしたが、講座長として折伏誓願の責任もあり、御会式《おえしき》も控《ひか》え、寛師会に参詣する予定もしていて、寺院行事に穴を開けられないという心配で頭がいっぱいでした。検査等で通院しながら、まずは支部の折伏誓願を必ず達成するのだという思いで唱題を重ね、お寺のことを最優先に過ごしたところ、不思議とすべての行事に参詣させていただくことができました。

　そして、御会式までの折伏誓願目標の完遂を目指すなかで、御会式前日に、私が折伏のお手

御住職を囲んで

伝いをした方が御自分のパートナーを折伏し、講座の折伏誓願目標を達成することができ、これが同時に支部の折伏誓願目標達成となりました。そして御会式の翌日の診察では、突然キャンセルが出て十月中に手術できることが決まり、心おきなく治療に専念できました。治療中も体調を見て、寺院に極力参詣させていただきました。

　有り難いことに、翌年の平成三十年は、皆さんの頑張りで、講座の誓願目標を六月末に達成することができ、夢のようでした。支部の誓願目標も十月二十七日に達成させていただきました。

　このような日々のなかで、病気のことは、どういう結果になろうと御本尊様にお任せしようと、常に強い気持ちと希望を持つことができたことは、唱題の功徳なのだと思います。

　今回、ガンになったことで、物事の捉《とら》え方が大きく変わりました。死と隣り合わせになり、小さいことはどうでもよくなり、何が大切なのか、遅ればせながら、はっきりと今生《こんじょう》人界の思い出は折伏しかないのだと気づかせていただきました。そして、家族や周りの方々に対して思いやる気持ちも、以前とは質が違ってきて、本当に功徳を頂き

ました。

　何より、私の主人の変わりようです。当時、アメリカへ単身赴任《ふにん》中だった主人は、一時帰国した際、私が全く病気に負けておらず元気にしていることで、安心して赴任先に戻っていきました。この信仰のすばらしさや有り難さが多少、理解できたのかも知れません。赴任先で、お貸し下げいただいた御本尊様に勤行・唱題して、御祈念してくれておりました。

　あれだけ信心に無関心だった主人は、一昨年の夏、日本に帰任してからは、娘の念願でもあった、家族揃《そろ》っての御

妙声寺の受付にて